南窗吟草

鄧鎮湘著

文學叢刊
文史哲出版社印行

國家圖書館出版品預行編目資料

南窗吟草 / 鄧鎮湘著,-初版 --臺北市：文史哲，民 100.10
頁;　公分（文學叢刊；259）
ISBN 978-957-549-984-6（平裝）

851.486　　100020416

文史哲詩叢 259

南窗吟草

著　者：鄧　鎮　湘
出版者：文　史　哲　出　版　社
http:// www.lapen.com.tw
e-mail：lapen@ms74.hinet.net
登記證字號：行政院新聞局版臺業字五三三七號
發行人：彭　正　雄
發行所：文　史　哲　出　版　社
印刷者：文　史　哲　出　版　社
臺北市羅斯福路一段七十二巷四號
郵政劃撥帳號：一六一八〇一七五
電話886-2-23511028・傳真886-2-23965656

定價新臺幣三〇〇元

中華民國一百年（2011）十月初版

ISBN 978-957-549-984-6　08259

自序

余世居獨獠之鄉，幼逢離亂，顛躓少學，七十學詩，偶抒愚意，八十填詞，非關風月，言俗意淺，筆拙難工，莠句蕪章，銀髮自娛而已，欣逢建國百年，乃集印成冊，尚祈大雅方家，有以教之。

八三叟桂南鄧鎮湘于台北文山　辛卯蘭秋

吳序　六項全能——歌曲詩詞酒

我的朋友鄧鎮湘，身懷六項全能絕技，故有「桂省才子」之號。

寫歌度曲，為其早年發跡之始，三百餘首歌曲，涵蓋愛國、藝術、流行、軍歌、電視及卡通，無所不精，陽春白雪，屢獲獎賞；老少咸宜，家喻戶曉。晚年乃循五線譜而登詩壇，駕音符而攻研平仄，自言「七十吟詩，八十填詞。」琢磨之句、絢素之章；流連萬象之際、沉吟視聽之區，每有偶作，必承賜讀，其感時憂世、愛國懷民之心，躍然紙上，氣韻天成。《毛詩序》

云：「詩者，志之所在也。在心為志，發言為詩。」此鄧君情動於中，言申於外，藉吟詩以抒志，憑妙筆以傳意之初衷也。

晚近由詩而詞，自唐入宋，挾其典雅精約之詩風，進而為長短句之填度。詞雖上承於詩，下沿為曲，其源出一脈，義無軒輊，然而筆鋒辭意，遣詞派字，仍有涇渭之分，往昔詩人騷客，亦有工詩而兼擅詞者，是謂「兩項全能」，並非人人可及，而鄧君詩筆驟轉，猶如天鵝旋身，垂楊擺絮，輕而易舉，由詩壇攀登詞殿，寫來何其自然婉約！拜讀其詞作，宛若兩宋重現，后村再生，韻味薰蒸，寓意無窮，令我激賞不已。

每讀其散篇詩詞，莫不心嚮神馳，暗自吟哦，唯感斷箋殘篇，零星贈閱，極易散落流失，是故不揣冒昧，屢勸其結集付梓，以饗同好，俾可留傳後代，垂之不朽，且喜不拒淺陋，近日整理成冊，欣見《南窗吟草》問世，猶如粒粒珍珠，得以串為項鍊，光瑩剔透，美不勝收，足為詩詞文苑增植一株蒼松，為詩詞之愛好者頻添一部佳著，我亦有榮焉。

鄧君多才多藝，自修苦學，除以創歌、譜曲、吟詩、填詞四項全能足以傲人之外，尚有第五項乃「飲壇」之全能者也！自古以來，詩人與酒，形影不離，三杯通大道，一斗合自然，信其然也，鄧君以詩下酒，情同謫仙，半瓶高粱下肚，逸興遄飛，顏紅色舞，詩思如泉，談笑似詠矣！然其自制之功尤勝李白，酒到七分，戛然而止，故難見其酩酊大醉之態，但可從其詩中窺其醉姿，酒言醉囈，幾乎遍佈詩中，琳瑯滿紙，不亞詩仙，茲不妨摘錄數句，以證言之不差：

「時憂彷彿醉還醒。有書有酒貧何憾？醉鄉易到何堪到。簾收飛鏡醉中眠。未醉公孫巴蜀酒。休辭樽酒杯深淺。煎茶煮酒奕閒枰。且倩東君醉醁醽。閑拈竹素伴醇醪。借酒衰顏鏡裡新。何處菊花堪對酒？老酒薑糖醉一場。騷人悵飲酒難溫。擎杯共醉瀘州酒。引杯一笑惜餘酲。半醉半酣騎鶴去。春心不醉蜃樓市。且喜歸來酒滿樽。杯中酒滿一身輕。腸直酒澆淚更多。共醉天涯夜未央。名韁利鎖如醇酒。一醉良知無處尋。莫問春愁待酒澆。朝買青山宵買醉。醉借寒醽半日娛」等等，至於在其長短句中，談酒說醉，更是不勝枚舉，可見其詩思中已滲舊醅，靈感中已注新酎矣。

鄧君第六項全能，乃神乎其技，勝算在握，但為尊重老友隱私，暫且按下不敘，蓋知之為知之，不知為不知也，讀者當可見諒焉。

建國百年夏莆田吳東權謹誌于台北松山

南窗吟草

目次

登玉山主峰（3982m）
時年五十八（今銅像已拆換刻石）

作者時年五十歲

南湖登頂處，不見利名場。
登南湖大山（3740m）時年六十三

夫人畫展留影

太平山神木下

全家福

亞洲歌唱大賽在香港（1978 年）

華興訪問團在華府（1986 年）

作者夫人包喜鳳畫作

蝶　舞

睡　蓮

如　意

小園即景

作者攝影二幀

黃山雲海

雪從何代積，客擾幾時休。（洛磯山）

五七言

五七言 目次

秋興八詠

一、

幾重烟雨幾重樓，幸有吟蛩敵暮秋。柳外踟躕疑度影，
風中蕭瑟似聞謳。心隨楚夢驚燈見，魂繞湘波意未休。
莫倚霜楓收夕照，一分紅葉一分愁。

二、

烽烟轉進識夷洲，繼晷焚膏志未酬。右老懸情傾玉頂，
延平遺恨砌南樓。已為海角芻蕘叟，猶盼波平藍綠舟。
六十風塵欺寄客，書生空白九分頭。

註：庚寅歲來台已屆六十載

三、

誰識芋翁冰炭床，流光嫌短亦嫌長。悟禪偶在閒中悟，傷詠多因感世傷。故土焉知新土淚，醫愁難覓解愁方。端居幸得苔窗坐，好對青山話夕陽。

四、

休問浮生萬事空，雲回水去自西東。名韁坊釀中山酒，利鎖園封翡翠籠。鸞鳳共憐金彩羽，姮娥痴戀廣寒宮。凡塵看盡花爭發，俱是黃粱一夢同。

五、

無端長嘯倚東丘，有意雲浮影自流。數樹焦桐催晚照，
一山霞錦染高秋。荷枯何處追香玉，歲老空嗟去馬牛。
醉醒棋殘終了了，閒情分付水西流。

六、

明月誰家奏浩歌，琴弦悒悒苦吟哦。吳剛伐桂虛神力，
南客傷時徒奈何。天若有心天易碎，海如無恨海無波。
人間鉛淚誰能免，腸直酒澆淚更多。

七、

羈棲怕聽鳥空啼，抵死催歸未有期。春夢難追秋夢遠，風聲還共雨聲悲。心因坐久閑愁起，身似雲浮殢酒欺。豈到皤頭思解珮，泥牛入海悟非遲。

八、

只聞涼葉隔窗呼，八十塵勞瘦影孤。幻化浮沉空對月，躋攀來去自沾濡。蓬萊恨見畦爭土，桑海猶存傲骨軀。吟罷誰知拍案意，夜闌一笑捋花鬚。

坐者

誤步嚣塵夢不成，秋風何處問啼鶯。探花北圃花無語，待月南窗月有情。眼底詩殘毫管重，杯中酒滿一身輕。青林繞屋空庭坐，未誦金剛氣亦清。

又

風絮緣何問綠隄，聲聲如訴鷓鴣嘸。秦箏依舊縈心曲，楚笛仍然戀故谿。夢落寒潭迷水徑，魂投新月無仙梯。牛山有木留鉛淚，午夜南窗坐者悽。

且喜

柱杖登高興尚存，山風收盡嶺頭雲。蜉蝣身世觀宜曠，
夢蝶痴人手有節。綠柳華園奢主宅，黃籬陋戶芋翁門。
堪嗟老去謀生拙，且喜歸來酒滿樽。

春心

寄跡蓬萊兩鬢衰，無端頻夢惜花時。過雲明滅情何繫，
落瀑淺深水自知。昨夜螢屏歡起舞，今宵彩羽苦低垂。
春心不醉蜃樓市，身後二空誰笑痴。

痴鵑

野坐松陰弔影身，相知幾許拂仙塵。穿林繡眼傳私語，
迎面遊蜂似覓人。偃臥青山思遠岫，躑躅綠水溼新巾。
東君未識客心苦，猶教痴鵑泣血頻。

夢

心猿意馬莫相欺，一入黃粱夢未疲。昨是今非皆幻影，
朝雲暮雨渺難期。真情假義真亦假，有處原無有也奇。
半醉半酣騎鶴去，為周為蝶總迷離。

秋宵

海角驅風過浦汀，蟬嘶遲暮不堪聽。何因玉斧頻修月，
只合銀河巧種星。籟靜依稀聞葉落，時憂彷彿醉還醒。
青雲欲隔東西路，那得秋宵萬慮寧。

淚

易水風寒壯士歌，金陵辭廟對宮娥，屈原鉛滴汨羅岸，
姜女捶牆萬里波。石首屠城巾共濕，長平坑卒洒成河。
格蘭道上若相問，百萬頭家淚更多。

問髮

顛躓蹁躚六紀塵，長河明滅曉星沉。人間有夢莊周蝶，天上無橋織女津。伏櫪無聲悲老驥，引杯一笑惜餘酲，何須問髮稀多少，空費浮生拭汗巾。

自笑

昔日爭鋒各擅場，而今杖履問殘陽，也曾夢探青雲路，誰料魂消望海鄉。雖有短歌傳巷陌，惜無寸土植瓜桑。燈前自笑學拈句，偶得吟哦夜未央。

蟬

嘶風飲露抱枝幽，玄鬢緇衣度晚秋，殘月半痕吟介潔，
斜陽一抹厭營求。人間有恨何煩問，逝水無情豈怨尤。
百日清歌魂化藥，曲終遺蛻杏林收。

景雲新莊

壯歲焚膏駐景莊，重臨大圳倍神傷，敢將碧血湔華夏，
誓渡關山築虎岡。歲月蹉跎時去矣，天兵師老困寒塘。
千家萬木魂銷地，誰識當年愛國狂。

乙酉感事

誰家慧眼識寒郎，巧婦終成第一娘，炒股難溫閨閣冷，
婚兒易得聚金穰。推輪侍嫂公薪厚，論政垂簾手腕長。
碧海長憐三級戶，否臧譙笑又何傷。

綠枷　乙酉夏

滿目青苔不見花，五年風雨任橫斜。誰憐美夢朝宵恨，
愛道金孫富貴誇。南北驚心身一躍，東西焚骨眾三嗟。
尸官不識生民苦，何日頭家卸綠枷。

失題

俯仰沉浮自有時，春雲秋露雨風馳，煙花冷暖他鄉重，
好夢連床異地稀。月薄應憐梅影瘦，泉清不怨滯丘坻。
耆年省識閒烏兔，滿鬢清霜悔已遲。

聞華視易主

忍顧三台斗杓移，菊開兩世異鄉悲。塵輕亂雨侵霜鬢，
地重陰風刺骨肌。蛛網纏眉愁共結，蜩螗入耳恨雙知。
可憐綠殼忘形蟹，看汝橫行到幾時。

註：蟹行十八個月，淘空負債十餘億，終於丙戌年下台矣。四十年前，余
為華視創台掘井人之一，庚寅記。

貞女祠

長城東插燕山脊，關外凝眸日影偏，野廟向天風淡淡，
尋夫捶地路千千。銘貞鐫刻千秋石，一哭傾牆萬古煙。
海水朝朝留美句，浮雲長長落奇聯。

註：山海關孟姜女廟楹聯：「海水朝朝朝朝朝朝朝落，浮雲長長長長長長長消。」

馬場　復興崗畢業五十週年有感歲次癸未梅月

幽居歲月已忘機，利鎖名韁一劍揮，北院尋詩梅影瘦，
南窗聽雨世情微。疎林鳥噪催霞晚，密樹蟬鳴待日晞。
老去馬場塵土在，膽肝相照莫相違。

註：政工幹校於民國四十年創校，校址復興崗，日據時期北投跑馬場故地。

聞廢校

駿走櫪空易帳旂，屯前崗上落斜暉，鶴回華表歸迷路，人去金莖淚未晞。五紀經營塵瘞土，七星斗轉弄輕肥，桑田滄海誰能卜，傲志焉隨歲月飛。

註：政治作戰學校（政工幹校）於民國九十五年併入國立國防大學。

北郊行

歲次癸未深秋，時及小陽春之月，耄耋同窗，會于北台之郊，勝事也！是日羣賢畢至，將校咸集，巾幗俠女，碩人隱士，神仙儔侶，快意一日神遊，樂事也！憶及五十二年前，青春兒女，投筆復興崗，立千秋壯志，勒石燕然。只如今劍沉曲冷，壯氣蒿萊，不亦暗傷乎？惟天地萬物，興敗無常，時序替更，東流逝水。於咏嘆三聲無奈之餘，俯仰夷洲冷暖之際，暫拋爭鋒藍綠，歡沐暖日清風，憑弔前人文物，飽覽樓閣園林，近觀河淌，遠眺海濤，洗塵濁之目，滌煩擾之心，不亦快哉！口占七言、以紀其勝。

耄耋同窗爛縵遊，仰瞻官邸過書樓，草山行館蔣公樹，
淡水紅城鄭氏旒。漁港碼頭收夕照，情人橋上賞閒鷗。
擎杯共醉瀘州酒，快意浮生樂未休。

悲春　甲申即事

三春傷咏奈若何，欲舞雙毫繪太和，巨鳥投林經眼失，
銅丸射虎隱情多。舟逢綠水迎猴沐，雲障藍天恨逝波。
鎖島應知無去路，徒增四載放悲歌。

又

三月落梅思悄然，綠枝漲滿北窗前，投鞭難阻濁流水，問鼎焉能逆轉天。楚角連營嘶吼日，藍田失玉雪霜年，一樽聊作高丘臥，夢待驕驄起舞鞭。

代賀文聯六十週年紀念

六十文聯吐納新，藏龍臥虎抱高真，神州落木山含雪，蓬島芳茵柳孕春。志士詩詞填瀚海，青衿書畫築河垠。江山代有奇才出，放眼風騷傲古人。

綠潮

歲月閒悠好問樵，虛名溢譽散雲霄，山房聽雨幽思起，
古寺聞鐘濁氣消。青鬢觀花春夢醉，皤頭醒眼識秋凋，
老顏自鎖憂歡色，一笑無言看綠潮。

鷓鴣

鷓鴣鳴早不聞雞，兩世羈棲髮自低，彎月三分愁裡見，
關山萬里夢中迷。長憐故土桃桑宅，悵望新鄉芋薯畦，
誰識家園成異地，何勞敦促耳邊啼。

過五指山

又是鵑啼血溢唇，白華黃土嘆為鄰。生前不怨身捐國，
地下應悁無拜人。勇士難銷千載恨，忠魂猶盼九州春。
纍纍五指山頭塚，浩氣依然拱北辰。

醉帽　丙戌正月遣懷

書劍茫茫兩未成，空嘶歲月指間更。風塵鎔鎖悲三尺，
菅絮沾泥曲數聲，荼薺苦甘隨所遇，蜩螗愁恨不平鳴，
他鄉水綠情何寄，一嘯滄波醉帽傾。

鷃䳺

白翎鷃䳺隱林羈，振羽清歌總自持。豈立迎風低首竹，寧棲沐露傲霜枝。瀛洲飲水知寒暖，南土拈花慰鈍痴。休怨翩翩天地小，雁鵬時至墜丘坻。

楚翁

幾度風標幾度空，當年應悔送旌弓，情同父子情難復，語卷真誠語未通。植橘根藍思變色，拈紅惹綠去何從。經營三紀知天命，何不歸山作楚翁。

蓮心

傳承憐友不憐賢，誰識蓮心苦自憐。宦海有成成底事，
敲枰飲恨恨難填。中山陵美初行醉，秦隴丘荒兩世煙。
休詡破冰功造化，應知春到雪融川。

檀郎

妙手檀郎何處尋，言甜笑憨攝娘心，懸壺能識三分骨，
仗勢囊收億萬金。驕女挺腰行玉邸，白袍翹首走醫林。
悲歡歲月多難料，誰為金孫洗訕音。

迎春

歲暮迎春浪捲天，爭鋒藍綠幾風煙。名非不正謀新正，
地是尊川自鎖川。估客含愁愁用忍，頭家有夢夢難圓。
夷洲莫問沈淪淚，流水載舟亦覆船。

易水

燕趙豪雄壯節多，白衣擊筑撼山河。空悲利刃驚庭柱，
事恨圖窮嘆奈何。太子寡謀身自殞，將軍獻首血應訶。
秦宮七百俱塵土，易水猶吟俠士歌。

巫峽

江奔巫峽下東川，叩石雲根楚尾烟。左岸荒台神女夢，
中流畫舫旅人船。高陽鳥吐明妃怨，夔國魚含屈子悁，
欲溯香溪他日弔，壩成湖闊水連天。

夜話

水曲崖高棧道空，長江滾滾岸楓紅。心香一瓣祈神廟，
猿鳥雙啼弔漢宮。蜀祚三巴終始地，臥龍八陣鬼神工。
西川多少興亡事，散入遊輪夜話中。

千島湖

萬頃蒼波四漭溟，遊人畫舫過灣汀，窗收千島湖花白，
坐挹浮山倒影青。水落富春洄釣瀨，江歸淅浪嘯鹽寧。
長河湖上徽州去，歙墨傳香數硯星。

玉山

玉山雲海八荒吞，追日誰尋勒石痕。行客登峰愁頓起，
騷人悵飲酒難溫。龍蛇草筆書留世，髯美飄蕭篙里魂。
國士何辜傷裂坼，圖騰豈許芋儒尊。

註：丙寅仲冬、余登玉山，于公右任銅像屹立峰巔，今毀像易石，不容銅
駝望海。

旅愁

莽莽神州川北遊，繽紛彩海九溝幽，山連雪域縱橫秀，
水落岷江日夜流，鳥道陰平憐鄧艾，牛衣蜀漢媿降侯。
悠悠千載興亡事，亂樹寒煙伴旅愁。

洛磯山

洛磯冬色雪漫漫，凍澤霜煙鎖玉盤，數點寒鴉啼霧樹，
九川冰鏡映重巒。開山裂石華工淚，含恨他邦無葬棺。
弔古悲思傷訪客，蕭蕭北地冷陽殘。

註：加國穿越洛磯山鐵道召募華工修築。

端午　聞三峽大壩蓄水湖成

雨至端陽潤似酥，青巒隱現有還無。雲隨鷗影棲汀沚，
風送蟬聲入劍蒲。哀郢涉江江夏怨，汨羅懷楚楚山孤，
三峽壩漲香溪水，祠淹誰酬屈大夫。

大霸尖

觀日登峰待曙開，游眸極望旭華來。聖稜靈氣山前出，
雲海層嵐杖底堆。乍現金光千艷射，驚呼巖頂一聲雷。
情迷百岳征塵客，大霸巍峨午夢迴。

馬祖

戰壘壕空海岸旁，高登潮浪問朝陽，將軍顧影憐疏髮，
戍卒思歸怨役長。南北竿塘迎客笑，東西舴艋往來忙，
星移頓失黃魚味，老酒薑糖醉一場。

竹書

竹書玉邸筆難窮，天庫泉流帝庫通，二秘三師吞海陸，
四親一婦築金宮。東牀燈暗囚籠劫，南線月明水鏡空。
六載沉淪孰可忍，頭家秋決逐豺熊。

秋決

九重金屋聚鬣鬣，拒馬蛇籠困獨夫，曾諾相隨千夢美，
只今美夢半分無。已聞四地驅豺豹，尚見一丘護狡狐。
秋決府前民主道，人心喚雨雨成湖。

丁亥秋思

桃李畦爭喋未休，西風長在樹梢頭，郊山慣見千纍塚，
宦海時聞一室囚。豈有鳳凰甘腐鼠，誰憐芻狗苦盈眸。
披肝默祝天開眼，莫使仙洲戶戶愁。

青天

休羨青天閬苑仙，藍橋鵲去更堪憐，豪門織女勤堆錦，
貧戶牛郎舞獨鞭。帝府庫虛頻釋股，皇親俸薄急營錢。
縱然修到通仙藉，天府亦難枕臂眠。

聞新官走馬

地踞東南是古洲，島名美麗便風流。囹人訟客居高位，
雞犬家臣傲上游。芋老怯聞非本土，烏金誰謂稻粱謀。
三秋京兆知多少，富貴原來進步求。

踏春

八里回眸關渡幽，渚汀鶴鷺護沙洲。平分風月紅橋水，
上摘星辰硬漢丘。淡郭樓藏今古跡，江頭舠見往來鷗。
踏春目送河西去，峽海滄溟起暮愁。

盧溝橋事變七十週年

烽烟七七起盧溝，拂曉槍聲嘯斗牛。寇出扶桑謀啖象，
獅醒華夏奮屠貅。救亡豈顧身生死，雪耻焉知淚血流。
以德施恩瞋進出，何堪笑泯八年讐。

八年抗戰

戰禍八年水火煎，流離顛躓步烽煙，皇軍刀奏屠城曲，
百姓同揮抗日鞭。救國惟知流血救，保家何惜把身捐。
昭和終見焚城淚，一紙降書向晚天。

落花

寂寂蒼穹一抹霞，颼颼簷竹叩窗紗，欄干醉拍他鄉淚，
桃李紛爭此地嗟。暗夜風嘶憐去雁，空山鳥語惜歸鴉，
衰顏自笑伶仃客，悵對孤桐看落花。

老眼

海角幽居一葉身，向隅書劍自難伸。尋詩偶在磨宵得，
頓悟何須拂鏡塵。有語騷人追夢舊，無聲芋客嘆霜新。
傷時感世情難歇，老眼頻煩拭目巾。

淡水秋晚

江搖浪起渡船頭，躑躅凴欄豁遠眸，柳送秋聲拂水岸，
山迎暮色落紅樓。艤舟難覓關河夢，倚閣頻添故土愁。
何處菊花堪對酒，杯深誰共一銷憂。

奇萊

欲步天梯何處尋，奇萊南北可攀臨，登峰始見中台秀，
遠眺方知百岳深。天地鴻濛來紫氣，古今光瀉落仙岑，
寧神息魄詫奇絕，靜聽空山百籟音。

西山

西山秋夢北燕寒，開國衣冠伴紫檀，碧寺青燈催暮色，
黃櫨紅葉傲楓丹。塔鈴喚日情尤切，河洗盧溝血未乾，
萬里女牆迎遠客，思今懷古倚闌干。

祝山

爽籟聲清步履輕，松濤飛鼠競相迎，祝山星近光疑墜，
神木月懸夜亦明。雲海微芒千色出，金烏乍現萬華生。
乘風凌越觀絕巘，勝地何年再杖行。

赤嵌樓

鳳凰花擁赤嵌樓，弔古重臨已白頭。奇士服焚張義幟，
閩台走馬定夷洲。孤臣天妬復明志，舊將恩忘渡海收。
開建東都存正朔，延平青史貫千秋。

註：鄭氏入台，以台爲東都，其令諭曰：「東都明京，開國立家，可爲萬
世不拔基業。」

萬里橋

萬里人來萬里橋，林田朽木伴蒿蕭，雞鳴站外催殘月，
水漲溪陂奏六幺。自有鄉紳多好客，當時擊掌醉相邀。
風霜易點青青髮，舊事魂追一夢遙。

註：庚寅歲自海南撤台，駐花東萬里橋，近山為日據時期林田林業管理處，
巨木散堆雜草間。

舊事　聞某人不讀資治通鑑

隋唐舊事嘆愚痴，傾國傾城恨已遲。父奪兒妃危漢室，
兒偷父妾易周旗。歌殘玉樹終王氣，帳冷龍舟虎頸移。
空費溫公臧否筆，素餐誰識鑑箴規。

自況

老窖時澆弔影身，焉將世事化為塵，甘為海角孤吟叟，
不作畦分抱土人。墨客情多鵾叫月，陋居糧少鼠嫌貧，
宵殘坐冷無言夜，借酒衰顏鏡裡新。

戊子失題

為藍為綠自悠悠，試問誰分普世憂，散沫橫飛民主殿，
顧金莫道顧仙洲。相諷相詈何時歇，忘利忘名萬事休。
人物風流終逝水，汗青一竹可曾留。

灘江

灘江絕景定睛看，萬壑千巖映翠瀾。牛犢頻潛尋午食，魚鷹游獵博人歡。幽篁遶屋鵝行岸，微雨籠溪鷺起灘。何日浮舟漁子釣，河奔陽朔正漫漫。

落鳳坡

落鳳坡橫萬樹中，當年白馬臥殘紅，荒祠客少香爐冷，蜀叟絃低唱墓東。龐統若非施巧計，周郎安得建奇功。箭穿埋草留孤冢，遺恨無身報主公。

憶南湖

南湖大山為台灣高山五嶽之一標高3740公尺。

南湖遠眺接天浮，韈濺苔泥憶舊遊。審馬峰前愁度鳥，
黑森林後隱仙丘。竹風殘月敲山屋，籟靜孤鷹掠晚秋。
斜日催人行色急，白雲有意亦難留。

重陽楓菊

三國聯吟豪韻

羈棲海角鬢蕭騷，濩落天涯一敝袍，偶覽春華消暮齒，
閒拈竹素伴醇醪。黃花露冷蛩鳴近，紅葉霜寒雁影高。
策杖東峰西極目，此情遙託峽雲濤。

百川朝海　三國聯吟歌韻

珍珠串串滴冰渦，泉湧滔滔出澗阿，沐雨披霜忘險阻，
奔山穿峽各成河。悵聞世上興亡事，怕聽人間苦恨歌。
川自情多川亦老，欲棲靜海遠風波。

又

朝朝溪澗奏驪歌，日夜奔馳向遠河。源出玉清堪自傲，
瀠洄塵濁失澄波。江歸四海無長短，洋納百川活水多。
不解人間千壩阻，滄溟南北問冰魔。

霜秋風光　三國聯吟庚韻

一聲征雁一回驚，秋雨秋風意不平，瘦柳技搖雲裡月，
殘荷霜結水邊明，單衣怯薄思南浦，歸夢常愁困北城。
莫嘆寒蘆頭盡白，離人蕭荻共傷情。

又

秋颱秋雨遣人驚，水落官田鳥亂鳴，壘塊未消杯共醉，
螢屏時見蟹橫行。藍山踠驥溪難躍，綠海貪鯊齒尚獰，
明鏡涴塵休愴怳，雲收終見宇天清。

送舊迎新　三國聯吟青韻

蕭蕭歲暮閉螢屏，眾口紛更不忍聽，送舊扁舟囚苦海，
迎新泥馬困洲汀。未消塊壘泯冰炭，且倩東君醉醁醽。
一掃冬雲呼麗日，春光還我萬山青。

瀑

不棄絲涓聚澗涔，一泓高瀉撼崖林，何人挽倒天河水，
萬馬千軍下峽潯。淘盡興亡今古事，洗空成敗利名心，
出山莫被泥塵涴，回首清流無處尋。

田園

春來頻起憶春姿，老歲長懷少小時，布穀方催耕趁早，
班鳩復勸種休遲。新秧水測知深淺，舊徑荷鋤問困疲。
風雨田園風雨事，如泉流入杖藜思。

碧潭

南勢溪歸大漢流，碧潭碧樹不曾秋，纍纍抔土高低冢，
淡淡長空來去鷗。月裡素娥生水殿，崖邊筆虎躍亭樓，
弔橋舊事休回顧，遠岸蘆花又白頭。

己丑初春有感

醉利營名玉邸居，八年綠業一焚如，空談美夢曾欺世，
恨繫囚城苦吐書。海角藏珠兒手揹，銀山挖寶婦親鋤。
窮悲僅剩金千億，慚愧頭家耻問渠。

又

升沉輪替水東流，囚所鈴聲落舍樓，絕食謀催徒眾淚，
放封無海放扁舟。綠梭難織綠洲夢，獨笛空吹獨島謳，
玩法訟師休怨懟，種瓜焉可種金求。

土城

金磚難拂土城塵，顏改筋衰顧影瞋，海外銀花愁裡艷，
寶徠豪宅夢中春。乘槎探月失銀漢，走馬仙洲有故人。
未醉公孫巴蜀酒，楚囚腸直數星晨。

自貺

己丑正月，「遠流出版公司」印行「台灣音樂百科辭書」問世，有愧
虛佔一頁，臧否生平。全書列名鄧氏五人，三人已逝，蓋棺論定矣。念及
此百感萌生，草吟七言自貺，時二月初九。

東渡留禽六十年，結巢島北綠坡前。有書有酒貧何憾，
亦曲亦歌世尚傳。臥劍焚膏虛一夢，名韁利鎖散荒烟，
衰顏聽籟苔窗下，渾似當時弄管絃。

彭園小集　己丑孟春初一

彭園小集味難忘，盟會蘭亭卻老方，金榼頻添歡伯液。
銀盤微吐芋泥香。醉鄉易到何堪到，白髮雖長不問長，
論漢言唐狼藉處，諸公聊發少年狂。

夢西湖

西湖勝景夢魂牽，穿葉流鶯弄柳烟，二嶺蒼林藏塔古，
三潭印月晚鐘禪。斷橋不斷長橋短，孤嶼非孤岸嶼連，
水色山光今更好，幾時重泛白堤船。

貓空

雨霽貓空爛縵晴，連峰筆架遠雲清，山櫻絳映佳人靨，
垂柳青牽彩羽情。賞杏吟詩香入袖，煎茶煮酒奕閒枰。
來年早聽嬌鶯語，好得新春第一聲。

樟湖

無名溪漲水搖霞，霞映高坡包種家，茗客偶同行客笑，
橘林相倚杏林花。空中俯挹三山秀，曲徑香收一品茶，
廟院鐘鳴催暮鳥，樟湖雲樹日西斜。

元月六日有所思　政工幹校校慶日為元月六日

遼鶴皤然憶北投，風霜馬廄幾歡憂，相携崗上凌雲筆，
共詠琴前渡海謳。天地無情情已逝，痴人有夢夢難酬，
休嗤健者傷遲暮，泉下英才早白頭。

叩應

叩應絲棼語濫觴，如何說馬到玄黃，方疑金谷烟生石，
似見滄田海出桑，雁奏琵琶何問漢，猴衣緋色不言唐。
螢屏論劍交鋒切，名嘴何多各擅場。

別

雲卷金風拂瘦枝，梧桐葉落怨秋時，蘆寒夜月車來晚，
楓冷斜陽鳥去遲。海角甫逢旋送別，機場分袂綰離披，
休辭樽酒杯深淺，皓首相期不問期。

和韓歐廖諸公上巳雅集原玉

北城雅敍飫仙廚，醉借寒醽半日娛，東寇昔曾吞漢土，
興邦今望擯奸徒。山河鼎革託龍馬，書筆否臧寄僕儒。
搵淚新亭成底事，補天還仗眾持扶。

步韻和楊公震夷山居小記

晨詠山嵐午詠天，映階峰色晚風顛，溪林早墾滋蘭圃，
書畫填平不測淵。戶沐吹花窗外竹，簾收飛鏡醉中眠。
羨君自得漁樵樂，閬苑鴛鴦閬苑仙。

讀趙將軍尊府殉國事略贈崇儒學長

浴血滕州兩世更，紅藍爭土互鏖兵。沙場勇士空埋骨，
火海遺孤淚濕纓。殉國史虛心尚熱，泯仇一笑意難平。
將門虎子今名將，雛鳳傳承老鳳聲。

世笑　九九元旦試筆

楚生走馬入台城，自傲孤高品自清。本土毫毛千擔重，他鄉石柱一絲輕。陽春白雪知音棄，下里巴人顧曲頻。補屋牽蘿何是處，休悁世笑話崇禎。

賀旻菴新廈落成

不惟魯北有仙宮，內壢樓台美景同。玉琖臨窗挹夜月，絃歌入戶沐春風。是非難染芝蘭室，得失奚關耄耋翁。鶼鰈領來清淨福，將軍樂在武陵中。

董氏書法和旻菴龍字

勁筆縱橫舞玉龍，行楷狂草笑從容，墨分六彩縈天地，
三折毫波綰柏松，纖指染濡渾浩氣，柔荑收放斗星胸。
藏鋒自在書中虎，俯仰翰池見巨宗。

贈嘯林

江南擊楫少年征，曾戰長春細柳營。萬里投鞭滇緬角，
丁年棄劍育芳英。同機讀秒長相惜，共笑擎杯五紀情。
藍帶金罍澆塊磊，樽中時有不平鳴。

贈蔚泓賢世臺

雛鳳凌雲老鳳翔，泰州公子杏林芳。峨嵋經取宗金鑑，
蓬島薪傳本草方。扁鵲仁心今濟世，華佗妙手古名彰。
迴龍廣廈無雙士，滿座高朋一院香。

贈韓將軍民安學長

睥睨乾坤志未銷，龍虵筆墨展風標，北投驅土營薪繼，
東引鞭崖鎖怒潮。書劍長存崗上色，鬢眉真見摘星驕。
瀰河九畹滋蘭遠，採菊居安話醉樵。

壽李闈公果耳學長

果耳松喬日月寬，壽公八六轉金丹。史篇漫畫驚三舍，
美學言新樹一壇。蜀地騷人多綵筆，龍源才士立旌竿。
年年仙侶子高樂，歲歲蟠桃滿紫檀。

註：㈠松喬：仙人赤松子、王喬。㈡轉金丹：一轉之丹，服之三年得仙，八轉之丹，服之十日得仙，九轉之丹，服之三日得仙。㈢三舍：宋大學有三舍：即外舍、內舍、上舍。李公著有「中國漫畫史」「漫畫美學」等書。㈣龍源：公川北劍閣縣龍源鄉人氏。㈤子高：張敞字子高，取「畫眉」事。

仲謀公東權學長八豑晉三嵩壽誌慶

瑤池駿馬戲莆田，延壽邨童爛漫天。百畝書耕成巨擘，五倫文武報雙全。八千神木八千歲，九轉金丹九轉仙。耄耋群翁傾㪍釀，頌公長固大椿年。

註：㈠瑤池：天子觴王母于瑤池之上，穆王八駿舞瑤水之陰。㈡莆田：公福建莆田人氏。十洲記：祖州瓊田有不死之草，以莆田喻瓊田。㈢延壽邨童：公著第四十五本書「邨童六憶」，邨童幼嬉遊延壽之鄉，今居延壽之宅。㈣百畝：公著作書目超過五十本。㈤雙全：兩全其美也。父子、君臣、夫婦、長幼、朋友、文武、兩姓（公父林姓，從母吳姓承傳香火）公皆兩全其美。可稱「七全老人」，追美乾隆。㈥九轉：道家語，九轉金丹，服之得仙。㈦大椿：莊子「逍遙遊」：上古

有大椿者，八千歲爲春，八千歲爲秋。

悼孟仙姐

歲暮年年憶姐仙，女嫛春夢最堪憐，十七嫁作征人婦，
廿一魂歸離恨天。稺齒遭逢綁匪刼，妙齡離亂幾烽烟。
邊城百色墳何處，鉛淚成潭亦枉然。

舞劍　辛卯暑月感事

逐鹿仙洲志未伸，楚翁舞劍九衢塵。心兵後浪推前浪，
目眄新人換舊人。伯樂識駒曾廢廄。橘巢散鳥盼回春。
東山歌酒何甘飲，幻影龍庭幻影身。

花影　丙戌暮春

花影不隨流水去，落花無力怨流東。春殘風雨知多少，人自織愁影自空。

落花

昨日嬌嬈艷滿枝，今朝凋謝嘆分離。落英休怨花開早，惜取含苞未放時。

蝴蝶

愛粉迷脂吻艷花，紅塵痴戀太狂些，翩躚自織邯鄲夢，畢竟浮身似露華。

乙酉中秋

羈泊伶俜五紀霜，客心幽夢到思陽，無情最是三秋月，缺照離人圓照鄉。

余世居廣西上思思陽鎮菜園村。

歲暮夜飲

共醉天涯夜未央，北台歲暮鬢絲涼。與君同是羈棲客，
不忍樽前話故鄉。

白頭翁

萬樹千林任漫遊，清風麗日起新愁，憂非本土原鄉種，
芋客留禽共白頭。

問

何煩望帝詰流光，云是羲和駕日忙，昨夜露珠眠翠蓋，
問渠誰挹藕花香。

又

深秋凝露藕花凋，桐葉風吟月下簫，九日黃花羞問酒，
白雲萬里海天遙。

又

玉面書生底事忙，藏鋒卒歲又何妨，綠藍廟會刀梯滑，
莫使孤空夢一場。

無題

北庭一紙扁庭開，囈語囚夫銬手來，休道洗錢謀獨業，
緣何八載不更台。

無題

送舊迎新話土城，伶仃囹客嘆伶仃，幾時等到春風日，贏得成家身後名。

王莽時公孫述獨蜀稱帝，帝號成家，光武討殺之。

又

休嘆伶傳弔影身，呼風一紀綺羅春，如何百億輸金至，流入椒房亦是貧。

丹青怨

朔方積雪暗龍庭，胡語琵琶不忍聽，漢室泱泱平北策，卻教紅粉怨丹青。

七十二疑塚

發丘丞相百年謀，營塚憂疑盜塚羞，八九高墳何俎豆，漳河綰恨雀台愁。

曹瞞設置發丘都尉專司盜墓以應軍需，身葬漳河之濱而營七十二疑塚。

銅像墓園　丙戌秋日

霧鎖慈湖草木迷，菊開菊謝鳥空啼，銅人休滴銅駝淚，一角公園尚可棲。

馬嵬

壽邸誰霑雨露恩，緇衣入侍漢宮門，馬嵬鼙鼓繯投夜，織女牽牛笑至尊。

貴妃楊氏始為壽王瑁（明皇第十八子）妃，丐籍女官，號太真。

又

輦走嵬坡避劍芒，昭陽恩澤比天長，如何共誓長生殿，
只抵屑金夢一場。

袁枚小倉山房詩集云：史言貴妃縊亡，惟劉禹錫詩
稱服金屑。

雙丸

欲數珍珠慮力殫，復聞秋決枕難安。夜深私語嗤夫婿，
何不雙丸挽逆瀾。

金改

金改挖空祖產刀，一娘袖捲替君勞，泉流玉邸宵來急，無奈頭家苦債高。

密帳

密帳錢流似玉梭，秋颱秋雨漲秋河。幾時等到棼清日，鉛水盈眸壘磈多。

屈原祠

舟過巫峰探秭歸，香溪左岸大夫悲。江頭晚唱離騷賦，楚尾魚沉恨謗誹。

虞姬

垓下悲歌楚調狂，焚秦西霸恥還鄉。虞姬不負君王意，漫倩溫公紀數行。

司馬遷視項羽為帝王而列傳史記本紀第七、尚書「美人名虞」「美人和之」八字。而司馬溫公資治通鑑未提及虞姬事。

明妃

佳麗三千抱月眠，深宮雨露逐風遷。若非身被丹青誤，
那得琵琶代代傳。

白雪 聞小馬哥入主老店

玉潔冰清素自閑，巴顏白雪傲仙山，緣何淚滴成渠曲，
一入黃河濁不還。

黃河源「巴顏咯拉山」北麓二水「約古宗列渠」
「卡日曲」。

勢

民心向背逐時移，勢在應憂勢去悲，休恃秦宮七百里，楚人一炬悔何遲。

醇酒

反腐原來自腐深，頭家焉識佞家心。名韁利鎖如醇酒，一醉良知無處尋。

戊子清明

美夢升沉恨有餘，銅丸迷世奪龍車。拼將八載綠台業，換取刑庭一紙書。

玉邸　丙戌驚蟄無雷以詩鳴之

玉邸重門夜半開，汲營逐位競輸財。一朝有幸吳娘顧，富貴春風撲面來。

圍城

玉宮人怯鎖牢籠。刺網高牆行道空。百萬紅衫齊怒吼，圍城燈火映蒼穹。

峽影

長江驅浪送行舟。夜半巫山月似鈎。搖曳夢回天破曉，西陵峽影為人留。

大觀樓

紅鷗嬉逐水樓風，雲海蒼波入畫中，百里滇池奔眼底，長聯人去憶孫翁。

昆明大觀樓長聯百八十字，為孫髯翁所撰，蜚聲名勝楹聯。

疊彩山

疊彩山頭挹夜月，灕江堤岸望斜陽，忽聞杜宇啼歸去，身在家鄉卻異鄉。

痴鵑

春暮餘寒曉月低，依稀鄉路遠山迷，世間何物催人老，
泣血痴鵑滿耳啼。

登高

何處飛鴻掛幾行，梧枝紅葉沐秋涼，黃花暗笑明江客，
歲歲登高在異鄉。

布穀

絲絲細雨隱雷鳴，陋巷蝸居寄此生，解甲歸田無寸圃，
何勞布穀勸春耕。

霜秋風光　世界漢詩中日韓聯吟庚韻

染霜應惜倚枝情，莫到秋深訴不平，帶雨淒風須共仗，
沾泥空恨夜蛩鳴。

又

白華瑤草三秋色，玉露金風歲月更，天外獨憐雲外雁，
問渠底事樂長征。

又

海氣催涼暗夜生，仙洲秋雨漲秋情，萑蘆霜後偏多感，
也似馮唐皓髮萌。

又

霜秋颯颯送秋聲，暮色沉沉宿鳥驚，欲問武陵溪畔客，
新鄉何處故園情。

梅樹

青山繞厝少塵埃，野鳥閑雲自往來，梅樹有心憐倦客，
倩風時送暗香來。

楓

顏紅非是醉酕醄，有愧離枝豈遁逃。願化春泥滋樹母，薰風吹醒換青袍。

菊　三國聯吟豪韻

麗草秋香鑄玉繅，清芬微散浥蓬蒿，騷人吟盡東籬句，晚節黃花品自高。

送春

柳絮搖風漫雪沙，子鵑聲裡夕陽斜。送春休問芳菲事，
誰惜沾泥委地花。

機場

長廊無柳日西斜，多少行囊染暮霞，萬里相思今夜起，
機聲响處即天涯。

又

相對依依萬緒紛，機場無柳落紅曛。一聲珍攝今宵別，萬里天涯此刻分。

甲申春即事

三月春光眾色驕，綠藍橘褐競嬌嬈，銅丸暗笑蓬萊島，老店梅花落恨橋。

戊子九日

島北羈棲兩世家，無園何處邵平瓜，年年寥落登高日，午聽殘蟬暮看霞。

讀吳公「行前準備」奇書有感　戊子立冬

人生翕欻各云亡，漢武秦皇夢一場，準備行前堪自笑，此心無物入仙鄉。

八十書懷　歲次己丑臘月

八十行程不問程，老來開卷似書生，南窗苔徑煙塵少，聽慣風聲帶雨聲。

溫泉

怨偶曾雙洗膩脂，鴛鴦今樂浴春池，真情惟有溫泉水，不似人心冷暖移。

暮春偶見

莫問春愁待酒澆，猶寒欲雨暮蕭蕭。忠魂野塚無人省，誰識當年報國潮。

口占步韻和韓廖二公

浮生百劫莫須哀，簫劍昔曾自往來，朝買青山宵買醉，任他王謝牡丹開。

仲秋賞月　三國聯吟刪韻

火箭升空叩月關，黃埃翰海步征艱，無情最是姮娥女，
不許人間獵兔還。

又

年年圓月復彎彎，青女嫦娥憾玉顏，暗問吳剛多少過，
何時赦斧得仙還。

鵑

休問流雲休問年，相思南國夢難圓，勸君莫作他鄉客，
何處青山無杜鵑。

讀趙將軍崇儒著「比翼遨遊」書贈廉明學姐伉儷

萬里寰瀛載酒行，眸含風物筆含情，騷人若問徐霞客，
薛國將軍勝一程。

崇儒學長世居滕州，周朝薛國故地也。

又

時聞七海有仙踪，比翼遨遊西復東。道是魯郎偕浙女，雙飛留影水山中。

汪兆銘「雙照樓詩稿」讀後

自有奇胸熱血軀，少年不負好頭顱，堪悲錯念憐芻狗，留得奸名唾沫濡。

玉山

曾踏西峰上玉山，朝辭日出繞品磐，排雲一宿秋風裡，夜半鼾聲月下寒。

玉山觀日出，山客所嚮往也，廿五年前曾貪登連走玉山西峰、主峰、北峰，黃昏迷路於西峰芒菅之間。

憶登梳粧樓山途中

幽蘭數葉寄高椏，傲谷孤芳淡白花，未泯童心機頓起，恨無猿臂採歸家。

北角

北角無塵路草新，萋萋渾似嶺南春，磯頭野柳思庭柳，萬里魂銷萬里人。

貓空

古寺坡前四徑斜，無名溪畔遶人家，春風春雨春啼鳥，喚醒一山桃杏花。

又

待老坑山春日斜，杏花林訪杏桃花，只緣懶客登臨晚，
零落芳枝染暮霞。

明潭

明潭山色水天浮，兩岸遊人來去舟。夏夜湖光平似鏡，
匆匆誰識武陵幽。

聚散

莫嘆人間聚散頻，若逢七夕望青冥，休言天上無離合，試問牽牛織女星。

戊子歲仲夏感事

莊家博士沫生花，始見風靡本土牙，自詅痴符欺善馬，學黌保庇似新媽。

詅者自衒賣也，顏世家訓曰：無才思自謂清華，流布醜拙，江南號為詅痴符。

卡通

童言童語自成歌，調寄宮商眾小和，若問卡通濃淡味，
齠齡不惑感懷多。

丁年偶寫卡通主題曲，無心插柳，成為六七年級生上口童歌。近年卡通懷舊風起，電子與平面媒體多次訪談，謬譽「卡通歌教父」，溢美赧顏，余謹與同輩偕行開拓卡通歌曲而已。

故國遊

西湖垂柳泛輕舟，蘇堤嬌花點水浮，武穆墓前衝怒髮，
唾羞秦檜恨難收。杜甫草堂瞻聖宅，武侯祠裡弔君侯。
峨嵋攬勝乘肩輿，梵唱萬年滌世憂。巨佛拈花鎮濁流，
青衣烟雨繞烏尤，黃鶴樓尋黃鶴影，滇池波掠嘴紅鷗。
迷魂攝魄張家界，彩海珍珠九寨溝。虎踞盤山窺薊北，
石林峽崪曲蹊幽。都江堰澤西川土，稀客貓熊舉世求。
獅吼盧溝迎曉月，百花秘洞列瓊矛。雲海黃山松石秀，
徽毫歙硯伴詩酬。灕江絕景甲天下，賞畫長廊苦仰眸。
唐市殘垣恚地牛，酆都行怯鬼魂勾，天安場廣驚雷吼，
千島湖深怯夜遊。松花江畔白楊瘦，山海關連幾戰樓。

姜女哭牆碑有淚，戚公舞劍老龍頭。巫峰仙夢鳳鸞儔，
滴翠猿啼喚客留。夔門峽掩三巴色，棧道長埋吳蜀仇。
頤和園砌瀛台怨，萬里長城鞏九州。避暑山莊懷帝獵，
故宮深殿鎖春秋。

自覣

攬鏡何方叟，明江一獦獠。拈詩塗半卷，度曲不成謠。
冷巷棲山屋，虛名水月消，渾然無世諦，俯仰自逍遙。

鳴蛩

唧唧緣何事，嘶心訴向誰。頻繁葉欲墜，乍斷月偏移。
不寐思新土，眠成夢故籬。鳴蛩秋有賦，寄客費撚髭。

楓葉

瘦葉驚飄墜，相憐被歲欺。顏紅非醉別，色減愧辭枝。
一載胭脂夢，三秋分袂時，春泥情更切，惟恐護根遲。

九日

九日獨登樓，樓頭縱遠眸。雲浮天地色，木落水山秋。
客地思庭柳，浦汀起素鷗，菊花堪泛酒，酒惹舊新愁。

野色

鏡水留殘照，涼波蘊暮天。停雲添野色，過雨洗篁烟。
風送歸巢鳥，林棲抱葉蟬，皤絲經歲薄，自媿未知禪。

夜思

葉瘦空庭落，燈孤坐夜長。濱灘潮問岸，近壑霧侵廊。
月下清光滿，堦前亂草殘。他鄉淹歲久，不寐費思量。

歸雁

未卜家仍在，時來道北歸。萬花忙競艷，千里急爭飛。
故土朝朝念，他鄉事事非。痴翁隨雁去，往返淚沾衣。

蘆葦

岸立葭如劍，迎風不畏秋。虛心容日月，傷世促皤頭。
野水丹楓冷，荒洲白鷺憂，羈逢霜露裡，相對倍添愁。

窮秋

島北值窮秋，年殘湧客愁。霜濃紅葉醉，月淡白華羞。
回首高低路，浮生來去鷗。應憐西去水，日夜為誰流。

夜坐

雨洗幽林碧，山吞夕照紅。羇棲驚月滿，夜坐惱杯空。
夢繞三江水，魂追五嶺風。斗橫銀漢渺，有語問蒼穹。

紅毛城　庚辰選後

蔽日陰雲外，悠登古砲樓，臨窗傷往事，倚檻湧新憂。
風雨三春暮，山河兩岸愁。興亡書半紙，淡水自西流。

又

昔日紅毛樓，今朝爛縵遊。斜陽生海色，碧浪落閒鷗。
暮鎖觀音嶺，烟籠渡口舟。凝眸憑檻望，淡水一河愁。

灘江

畫舫經行處，灘江天下奇，千巖沿岸秀，萬竹遶村炊。
水鏡波光灩，山嵐玉帶垂。美哉斯故地，皓首始驚知。

過龐統祠

莾莾龐公墓，荒荒野寺中。醉覩天地小，計鎖魏船紅。
星墜雒城北，身捐落鳯東。收川功未竟，搵淚失才雄。

山海關

第一雄關壯，樓連萬里城。枕山屏涿薊，依水鞏津京。
鞭石開遼海，營牆阻北兵。魂消征戰地，風起客心驚。

三峽

攬勝閒行叟，尋幽探古遊。孤城雲欲墜，三峽水含愁。
石陣空留恨，巫峰鎖楚仇。川東千古事，散入夜江舟。

北角

北角尋春色，巖台縱目寬，山容龍起舞，浪勢虎奔灘。
島若龜浮遠，鷗孤白日殘，呼歸仍躑躅，猶戀海風寒。

小三峽

棧道橫空掛，巫峰連嶂開，河從龍劍出，嶺自漢中來。
滴翠猿啼急，龍門洑溯洄，方思吳蜀事，灘水正鳴雷。

張家界

踏霧張家界，穿嵐澗撥絃。盤登親怪石，卻步戀巖烟。
天子山崴峭，黃龍洞大千。遊人迷曲徑，笑語隔松傳。

又

水落金鞭曲，長廊十里奇。風搖光影碎，袖拂野嵐隨。
夕照沉山急，巖深送曉遲。峰林招遠客，行步不知疲。

甲申聞春即事

故國百年淚，他鄉兩鬢烟。悲歌澆壘塊，失路問山川。
怯聽鵑聲咽，復聞梟語喧，深淵雖不測，白眼對青天。

是日　甲申三一九事件

是日悲南市，今朝疑未湮。銅丸知隱客，明鏡識無人。
翠鳥交交語，銀駒皎皎身。欲傾河漢水，一洗濁台塵。

甲申中秋

故地明江北，鄉心峽海西。宵殘藏客淚，月滿照羈棲。
撫頂思青髮，含蔬憶菜畦。星移悲物換，夢土醉中迷。

南湖大山　辛未桐月登南湖三天行走台灣屋脊

一覽群峰小，嵐橫玉帶長。眉收天地色，足下白雲鄉。
紫氣生晨暖，巖風拂面涼。南湖登頂處，不見利名場。

洛磯山

木落嶺鴉愁，洛磯山白頭，雪從何代積，客擾幾時休。
冷樹千年綠，銀川萬古留。仙鄉酬勝景，冰酒伴行遊。

八里

八里探秋驕，仙宮挹落潮，薄嵐橫秀嶺，疎雨鎖長橋。
目斷層雲遠，魂馳峽海遙。幽懷誰語共，幸有一殘蜩。

夔門　瞿唐峽南北白鹽、赤甲兩山對峙

屈指三巴險，夔門天下奇，懸崖紅白峙，一水石磐分。
舫過疑無路，峰迴攝楚氛。長流千里下，峽隱萬重雲。

赤嵌樓

西望海無舟，延平王氣浮，收台驅虜得，復土北征休。
道殂乾坤去，丹心日月留，南明多少恨，散入赤嵌樓。

聚散

髮為多思白，愁緣久客深，人窺塵鏡老，鳥戀茂林陰。
雖詠新鄉調，猶聞桂嶺音，素丸今共看，聚散各沾襟。

夢

夢汲明潭水，青山入巨罍。撈星星滿斗，煮月月虛盈。
芋薯歡同酌，相憐互竭誠。醒聞嘶凍菻，藍綠未休兵。

又

兩世天涯客，聽殘遊子歌。山惟陽朔好，竹是洞庭多。
故土千江水，新鄉萬頃波。寄身知夢苦，卻盼夢南柯。

秋杯

燕去秋風急，蟬催暮樹哀，寒隨枯葉落，冷帶晚霜來。
霧薄山難鎖，雲輕月易開，杯添忘世酒，休問濟時才。

辛巳蘭亭聚

皓首蘭亭聚，同舟五十霜。築城嫌日短，論世引杯長。
縱唱忘鬚白，吟詩笑語香。馬場相契結，歲歲共傾觴。

幽居

偃臥文山北，幽居歲月侵。門前無秀竹，厝後有成林。
樹密晨曦淺，窗空夕照深。敲詩濡剩釀，笑我白頭吟。

丙戌清明

雨送清明至，鴂嗁憶遠鄉。魂飛南桂嶺，夢落菜園莊。
去國三千里，伶仃六十霜。蹉跎歸恨老，遙拜淚沾香。

羈翁

候鳥催歸去，留禽勸客留，身孤難入夢，影瘦易悲秋。
日昃傷懷遠，宵殘望斗牛，羈翁收紙筆，莫寫鳳凰丘。

五指山

五指山烟起，花傍土墓開，哀哉征士沒，去矣濟時才。
氣盛焚膏血，神衰志不摧，身埋魂未滅，猶戀故園槐。

山客

大霸溝藏雪，南湖谷發花，夜寒清夢短，曉凍盼曦華。
菅密藏孤道，雲殘瀉落霞。嶺鴉尋舊宿，山客適何家。

秋夜

銀界魄光生，風輕雲物清，涼池浮碎白，疎柳隔枝明。
玉弩驚無跡，寒蟬恨費聲。與君秋夜醉，樽有不平鳴。

乙酉感事

問世傷搖落，年殘未息機，虛名慚眾識，曲寡故人知。
酒債難償醉，才疏困覓詩。平居終不易，又見鳥爭枝。

蟬

牽恨聲聲切，含愁悒悒吟，棲枝思抱潔，翳葉覓知音，
露冷情仍熱，霜寒語寄深。應憐玄羽薄，未逮滌塵心。

青塚

調寄琵琶怨，曲中疊恨戀。胡笳甌脫冷，虎帳夜釭殘。
漢將閒馳獵，紅顏醉可汗。安邊圖畫誤，青塚向沙寒。

端午　三國聯吟肴韻

甫霽黃梅雨，即懸蒲劍茅。花留魂斷色，蟬恨潔心抛。
欲問屈潭水，豈棲楚澤蛟。千年聞厲語，騷賦似金鐃。

戊子送春　三國聯吟麻韻

燕顧殘紅去，薔薇欲發花。藍天飛駿馬，綠海困貪鯊。
雨霽餘涼散，陽和萬物華。送春邀共飲，一洗八年嗟。

霜秋　三國聯吟庚韻

露菊籬邊靜，霜荷翠蓋傾。汀洲泥印爪，紅葉寄秋情。
月轉桐移影，天香桂吐清。無心求楚夢，沈醉自閑成。

又

歲序韻蛩鳴，天高爽氣清。蘆風搖暮色，蕉雨送秋聲。
露重催楓醉，霜輕浥菊榮。江潭蕭瑟客，何處鷺鷗盟。

秋夜

秋夜意珊闌，鄉心客自酸。近山聞鳥易，遠寺聽鐘難。
月笑窗前冷，風譏海角寒。歲華甘自老，不遣淚珠彈。

送歲　三國聯吟青韻

歲晚掩蓬扃，新正銀爍庭，烟花迎紫氣，爆竹送冬齡。
露草知風勁，霜篁傲葉青。滯留成桂老，休問髮星星。

己丑自壽

八十今初度，生逢百歲憂，身居台海角，厝寄北坡樓。
未飲心先醉，思深鉛淚浮。傷時徒擲筆，留鳥自皤頭。

聞「十年政綱」

時危亡渡海，五紀雨風侵。去矣陸沈淚，悲哉島獨吟。
昔言驅外鳥，今論恕同林。誰賦沙文劍，揮收任彼心。

刺秦　新春重讀史記荊軻傳

論劍怒睥投㈠，魯鉤爭道羞㈡。議籌丹傳遠㈢。疑泄老臣休㈣。擊筑衝冠髮㈤。和歌嘯斗牛㈥。千金秦將首㈦。百里督亢疇㈧。擿匕驚銅柱㈨。拂圖汗浥袤㈩。淺謀多誤國㈪。燕血嘆空流。

註：㈠荊與蓋攝論劍，蓋怒目以示不稱。㈡荊與魯句踐爭道，魯怒叱，後自羞不識人。㈢燕丹問謀鞠武。㈣丹疑田光泄謀，田自刎明志。㈤易水送別，高漸籬擊筑。㈥荊卿和歌。㈦秦王千金購樊於期首。㈧獻燕督亢之地圖。㈨荊軻刺秦未果匕手擲銅柱。㈩秦王發圖，秦舞陽色變。㈪燕太子謀淺，誤友、亡國、滅身。

石筍峰

一柱擎匡表，乾坤巖下小，無路上青天，只許群岑繞。

大寧河

棧道見縴夫，懸棺洞自孤。僰人風物異，寧水話榮枯。

玉門

塞外沙洲柳，根憐戍卒漘，千年魂未泯，欲度玉門關。

無題

佞客誤蒼生，山莊鴟鴞鳴。三芝他日塚，不絕詈曹聲。

偶見

窄徑荒坡角，縈民客土魂，若憐無俎豆，遷葬故山村。

即景

合歡飛夜雪，藍綠紛爭切，旗鼓正雷鳴，撼動頭家血。

重九

千山萬木秋，異地逢重九，歲歲自登高，露冷黃花酒。

別

折柳送長亭，關山萬里情，今宵離境別，何日是歸程。

癸酉歲過黃花崗

海角南行別，滄桑五十年，黃花崗上雨，和淚落風前。

又

崗上重遊地，黃花四紀秋，碑存徽不見，烈士伴人愁。

家書

南島初投筆，中原轉進忙，家書日數到，字字速還鄉。

川海　三國聯吟歌韻

水繞千山急，川流日月波，痴情終不忝，萬古海迎河。

偶感

歲老莫蒔花，年青休種柳。花枯感慨生，人恥隨風走。

又

有土當栽竹，鋤園宜種葵。竹心空傲直，葵有本根思。

長短句

長短句 目次

摸魚兒　辛亥百年有感

百年來、幾番風雨，長河長浪東去。豪英開創新天地，捐碧血驅狐兔。擒外虎。息烽燧、謳歌甫擊昇平鼓。紅波又舉。看寶陸崩傾，倉皇轉進，渡海共生聚。　夷洲路，芋薯畦分塊土。桃紅梨白相妒，山川也怨空虛度，萬斛憂懷誰訴？傷世苦！問知否、南明遺恨同今古。不如歸去！但故土園非，西風吹淚，渺渺去何處。

歲次庚寅季冬上澣

賀新郎　三月十六日書贈同儕

又見鵑紅紫。景雲莊、焚膏壯士，只今存幾？白髮虛垂秋霜裡，長恨廉頗老矣！有底事、能令君記。指點山川空降地，遣龍師虎旅張旗幟。復故土，自今始！　一樽濁酒西窗倚。歲飄零、柳營人散，落楓衰李。痴夢已泯東去水，誰念桃園舊事？飛渡策、隨風而逝。蒼狗流雲難預料，且牽黃藜杖逍遙履。舉大白，暮烟底。

歲次己丑春月

景雲新莊，為三一六指揮部（國防會議直轄單位）營區，座落桃園大湳。

沁園春　辛卯人日自貺

八桂書生，少佩吳鉤，渡海倏來。慕笙歌細柳，馬場織夢；摘星不遇，彈鋏空堦。螢幕方新，投身未晚，偶使區區曲調諧。塵勞歇，幸毫名忝列，無負庭栽。　何曾詡詡於懷，有多少奇才襟未開。看夷洲風雨，潮升潮落；爭畦桃李，花盛花摧。老耄填詞，非關風月，欲吐胸中鬱積埃。吾何憾，有詩朋酒侶，矍鑠悠哉。

沁園春　丁亥歲感事

誰使夷洲，七載沉淪，麗日未還。悵梅凋老葉，池瀰綠水；巢鶯鳩奪，霧瘴藍山。巧語迷魂，金磚暗砌，暮四朝三彈指間。君休問，痛頭家無奈，指冷唇寒。　紅潮燈火龍蟠。又記恨銅丸淚未乾。嘆經營無策，封川自鎖；稷狐社鼠，草腐芝蘭。擊楫聞雞，群英劍合，破浪方舟過巨瀾。舒長嘯，看風雲人物，躍馬邯鄲。

望海潮　遣興

風欺疏髮，蒼顏借酒，清霜屢犯雙眉。羞顧志蹉，書生老去，慵聽雨嘯鵑嘑。囊瘦覓無詩。竚峰挹天籟，曳杖林溪。自得其中，苦甘何必欲人知。　濁醪淺酌吟髭。看星移碧漢、月浸滄湄。人去物塵，虛盈轉替，悲歡又奈何之。春夢覺來非。但幻遊瑤苑，迷慰愚痴。智者應知妙理，忘己更忘機。

辛卯暮春上澣

西河　馬場創校五紀有感

追往昔，駒場五紀誰識？崗前茂樹自蒼蒼，帳旗幟易。鶴歸覓柱路茫茫，魂銷天際何適？　劍頻拭，思黍稷。浚溝拓道堪憶。匡時有責裂歌雲，祖生擊楫。氣吞虎豹出轅門，回看煙雨如織。　白雲幻化宿怨釋。想依稀，坪頂鐫石。老矣夢難重拾。喜而今耄耋相逢蘭集，閑話滄桑醇醪席。

歲次辛卯仲月中澣

木蘭花慢　偶感

太空何浩瀚，倩誰問？釋疑眸。是多少光年？那邊得見，另一星球。思幽。問天不語，望銀河耿耿閃光流。千億星雲誰造？往來不墜誰留。　悠悠。物現四周。飛碟事，使人愁。問麥壠圖騰，神壇字塔，誰繪誰修？幽浮。掠穿宇宙，瞬隨光逝去向何投。如道無星外客，為何奇跡無由。

註：麥壠：英倫麥田，時現奇圖。

神壇：中南美瑪雅神殿，埃及金字塔。

念奴嬌　贈席上諸公

枕戈何處？憶當年投筆，放歌心熱。誰共老夫謳一曲，笑捋鬢邊疏髮。知否長懷，吳鉤待旦，轉眼蒼浪耋。沉吟今昔，恍然莊叟夢蝶。　須信把琖東街，豪情未減，看取彭園餚。採菊陶籬重九近，正好勸杯聲切。文苑詩翁，白頭將校，飲掃胸中物。風生席上，莫辭同醉佳節。

庚寅菊月上澣

八聲甘州　登岳

記當年縱走眾山巒，爽氣滿胸懷。過蒼巖嶮徑，挹風聽籟，此興悠哉。拋卻人間百態，世路蝶鷹猜。望岳登峰坐，一洗塵埃。

欻忽衰顏借酒，奈老侵霜鬢，倦步徘徊。嘆南湖天遠，空夢繞奇萊。怨塵勞，蹉跎行腳；誤芳期，探勝訪仙崖。山陰道，正堪回首，何用生哀。

南湖大山（三七四〇公尺）奇萊山（三五五九公尺）台灣百岳名山

歲次庚寅仲冬中澣

滿江紅　辛卯新正遊園

官邸新正，年又至、嫩寒時節。芳徑裡、踏春如織，探花憐葉。數圃雪梅開來透，暗香浮動招蜂啜。看滿園、姹紫奪嫣紅，迷仙闕。

昔禁苑，今憩歇。思往事，心頭熱。鼎湖人去遠，過雲明滅。遺恨南明悲故轍，慈湖猶見銅人咽。悵北風、無語倚闌干，肝腸結。

水調歌頭　花博

春意滿花博，花動北夷洲。千堆萬錦佳處，雅客樂行遊。幻館風靡奇絕，瑤苑芳姿妍蒨，芝草奪凝眸。姹紫壓紅碧，蘭翠菊珠幽。

曾驚記，空心菜，污名投。綠波掀浪，謀將華事付東流。倩女夷纖手阻，仙島農栽展藝，花卉各成丘。但願花常好，勝景美名留。

歲次辛卯仲月上澣

水調歌頭　羈台六十載遣懷

海阻浪千浬，園隔萬巒岡。台城羈客，悠忽五紀眉鬢蒼。歷盡風欺雨掃，三昧悲歡轉續，彈鋏路茫茫。花底世間事，蝶夢一黃粱。

今老矣，搔皓首，寄吾狂。百年有幾，何妨吟嘯對斜陽。丘壑溪林自樂，飲食簞瓢自得，閒醉倚修篁。浮梗逐流水、不問短耶長。

歲次庚寅仲冬上澣

水調歌頭　贈十萬青年軍健者

八載亂離後，勝景未曾留。紅潮席捲南北，斷梗沒江流。尚有孤臣孽子，依舊滿懷冰炭，蓬島創新猷。生聚氣吞海，劍吼震金甌。　乾坤轉，物華換，歲光浮。延平遺恨，誰識榮客萬斛愁。投筆何堪回首，李廣垂垂老矣，憔悴醉夷洲。此恨費分說，休問話從頭。

歲次庚寅仲月

水調歌頭　己丑歲暮遣懷

有恨莫言恨，盈昃夢中更。誰人杖履長嘆，觸動起閑情。尚想滋蘭十步，植蕙惜無寸圃，何處得餐英。拍案詠辛句，老芋醉猶醒。

南國淚，隨流水，一杯傾。蓬萊舊事，金戈蒼狗暗休兵。卻見燃萁煮豆，桃李畦爭虛度，壘塊幾時清。新恨如春草，纔剗又萌生。

水調歌頭　戊子洗錢感事

不見紅衫久，謾道反貪空。誰知海外金帳，驚爆洗錢風。堪嘆官田貧戶，兩躍龍門竊國，面目一奸雄。況復媚娘拜，偽託護台忠。　明之壤，清之失，蔣之功。島營民主，豈淪貪墨恥亞東。千萬生民所指，虎鍘狼頭猶在，顧法罪難容。扁運何須問，牢鎖正開中。

滿庭芳

六十春冬，追思疇昔，倏忽蓬轉雲浮。駿崗磨劍，歌闕路開溝。應答龍吟虎嘯，肝膽照、牛斗光酬。千秋事，書生本色，擂鼓動金甌。　悠悠。俱往矣，今搔白首，不悔從頭。詠詩酒東山，蒔卉閒幽。珍重窗朋健友，流觴日、淺醉輕謳。塵勞事，兒孫推浪，來去伴盟鷗。

復興崗創校六十週年書呈諸學長

歲次辛卯

滿庭芳　庚寅燈市

老矣思歸，吾歸何處？桂嶺嵐繞情牽。耄期傖叟，來日數雙拳。飲水瀛洲五紀，冰與炭、伴我愁眠。南窗下，尋章覓句，詩酒送殘年。　娟娟。燈市夜，風生虎嘯，吟賞流連。憶童射燈謎，往事千千。憔悴明江倦客，浮峽海、且寄寒椽。都休問，白雲蒼狗，衰草沒荒煙。

滿庭芳　蘭亭月集贈席上諸公

屯嶺雲橫，淡河水曲，歲華風逝誰留。恍然如夢，旌易幾更秋。且問崗存健者，尚記否、拓道清溝。還堪憶，迎僑篝火，挑土奠基樓。同謳。肝膽照，班超遠志，躍馬中州。奈星物無情，萬事都休。幸有詩朋酒侶，諸君子、一笑驅憂。忘霜鬢，閒鷗野鶴，應傲有皤頭。

歲次己丑暮春

風入松 登一〇一

和楊震夷公韻

樓高千丈試微寒。無酒話杯殘。寶徠入目藏金屋，今依舊，笑傲雲邊。囹圄難營瓊室，媚娘氣定神閑。一台一閣競喧旋。牙慧拾先年。悲情狍子登堂殿，當常見，吠日南寰。暫息千端思緒，且觀燈火爭妍。

歲次庚寅陽月下澣

江城子　秋山行

楓紅雨後甫新晴。遠山橫，隱溪明。一襲秋衫，漸覺晚涼生。入目崎嶇坡下路，斜徑滑，叵堪行。　依稀桴海走台城。二毛更，故園情。飲掃胸中，磊塊未能清。卻對黃花收夕照，風莫作，斷腸聲。

又

先生老矣未獃痴。左牽灰，右持藜。暮運朝拳，微飲詠江蘺。坐探流雲閒賞鳥，清夜月，已忘機。　春風不度傲霜枝。縱花遲，又何之。雨霽虹生，依舊寫春詩。休問綠藍萁煮豆，明日事，只天知。

江城子　海南渡台六十春秋有感

陸沉舊事夢中驚。夜無聲，意難平。渡海翻山，誰眄一兵丁？料峭風寒衣帽薄，星漢路，不堪行。　蓬萊兩世賞新晴。土蜂鳴，鷺鷗爭。芋客天涯，何處話躬耕？應是已無腸可斷，傾烈釀，寄餘齡。

江城子　歲次庚寅暮春

東君巧手弄花嬌，甫花招，又花凋。紅減香殘，綠漲滿枝梢。願莫匆匆春欲去，人易老，惜花朝。　梅風溽雨又瀟瀟。怨光飆，嘆塵勞。蝶夢蹁躚，春去可憐宵。倩盼長繩能繫日，滄海客，尚蓬飄。

行香子

李闈學長邀讌書博一笑

老友來兮，杯舉休遲。知天命，雪鬢霜眉。龜齡在世，八十非稀。任雨風來，雨風去，雨風欺。　及時歡聚，舊夢慵追。天廚味，饕客都迷。綠藍渾事，徒惹嗟咨。且笑談花，笑談月，笑談詩。

己丑季冬

臨江仙

手植門前松與柏，如今鬱鬱蒼蒼。厝邊三五野生桑。清風酬霽雨，鳥雀戲枝忙。八二悟非應未晚，渾忘齒雪吞霜。不煩長索繫冬陽。君平何用問，朝露夢黃粱。

歲次辛卯正月下澣

臨江仙　憶七樓

憶昔七樓樓上客，群英互競風流。長歌長晝為金甌，只知酬遠志，不識稻粱謀。五十三年驚一夢，台霜點鬢皤頭。衡陽街角北風愁。曲終人已散，休再問吳鉤。

藝宣舊客歲次庚寅仲冬下澣

臨江仙　來台六十年偶感

兩世煙塵虛一夢，此生何問沈浮。艆艒入海別滄州。漫嚐甘苦味，底事困淹留。　偶似楚狂君莫笑，渾忘擊楫中流。拼將雙鬢染霜秋。閑情知幾許，休上赤嵌樓。

歲次庚寅暮春

又

誰識文山坡下客，請纓年少刀鳴。蜉蝣無力阻天傾。結廬羈鳥北，兩世二毛更。　五指山頭荒草處，長埋飲海吞鯨。天公休笑老書生。興來歌一闋，猶得夜杯酲。

臨江仙　戊子歲暮書懷

八十年來多少事，豈堪過眼云忘。只因羈泊奈何鄉，欲飛難展翮，棲老落寒塘。　醉筆拈詩詩未就，松陰花下思量。人生露電夢黃粱。應憐春夜短，休問夏宵長。

又　五十六週年校慶有感

記得馬場窗下日，悠悠五紀堪驚。共拈霜鬢憶歌聲，復興崗上路，舊路不堪行。　信取一番投筆語，胸中十萬雄兵。星移物換笑書生。曲終多少淚，休對綠波傾。

壬午歲癸丑

臨江仙　丁亥同學會

五十六年如一夢，覺來鬢點飛星。因緣策杖會蘭亭，引樽開口笑，喜對故人傾。　悵望馬場顏色改，櫪空人去蛩鳴。莫將熱淚滴蓬瀛。三春花盛日，躍馬賦詩成。

又　戊子歲暮有感

今古夷洲來去客，湮銷多少豪英。休悁歲月謾無情。有情山水在，人物夢中更。　恩怨千年復故土，焉分桃李畦生。渭涇自縛困蓬瀛。胸中無壘塊，春色到台城。

虞美人

三年不作登山客，老腳傷行色。大屯芒劍似當年，對海放歌長嘯復留連。

佇峰俯覽駒崗地，塊土魂曾寄。白雲蒼狗誤征塵，無奈曲銷人杳淡河濱。

歲次辛卯正月澣

虞美人

蘭亭席上歡相對，有幾能同醉？馬場驪唱使人愁，皓髮蕭疎猶記大陳觴。

悠悠五紀虛懷抱，只合夷洲老。尊前把琖且忘憂，歲汩淡河西去不回流。

馬場驪歌五十有七週年贈席上同窗

歲次庚寅孟春

虞美人　仿竹山

青年論劍駒場上，豪氣三千丈。丁年論劍虎營中，誰箇攀星追日馭東風。　今年論劍歡筵下，拄杖皤絲挂。曉風殘月總堪驚，未卜明年誰健共言兵。

歲次戊子桐月下澣

西江月　賞鳥

關渡一江春水，舟舢數點浮河。紅林汀浦鷺鷗多，遠近偷窺岸左。　屯嶺嵐橫銀帶，長橋倒映清波。亭台何處放清歌，嬌客紛紛掠過。

西江月

滚滚凡塵光暗，層層螢幕燈紅。悲歡離合轉頭空，正是浮生若夢。　隱隱幽溪垂釣，悠悠明月清風。頻添醽醁兩三盅，慣見雲橫霧湧。

又

五紀流居郊郭，暮年困讀詩書。穿林踏徑見山夫，汗沁肌膚自苦。　小聚搓些麻將，興來杯並殘壺。青春劍氣老來無，愧道滄桑際遇。

鷓鴣天　土城訣別紀事庚寅陽月

訣別泥城淚未收，來生鶼鰈此生羞。椒房砌玉空遺恨，四海金藏奈泝流。　承老鴟，出青鵂，夜召紅粉日思虯。休言法網逢春破，南北雙籠鎖狻猴。

又

休嘆年殘雨露欺，風窗欲暮莫愁眉。滋蘭蒔草閑情寄，花盛花衰蜂蝶知。　山遠近，路高低，人來人去不同歸。浮生逆旅鐫心事，多少行藏與願違。

歲次庚寅暮春

鷓鴣天　仿希真

我是明江山水郎，少年投筆學猖狂。曾棲螢幕沾新藝，偶寫人生勇士章。　歌百闋，酒三觴。幾曾白眼對穹蒼。吟風弄月觀雲雨，利鎖名韁早醉忘。

憶江南　丁亥秋思

秋又老，紅葉戀疏枝。莫道吹寒枝易瘦，堪憐飄冷化春泥。風雨別離時。　登高後，菊酒互傾卮。休問新鄉非故土，且吟病叟落花詩。酒淚惹沾衣。

清詩人王夫之號船山病叟，寫落花詩九十九首，借咏落花弔亡明。

浪淘沙

老矣嬾尋春，花博繽紛。螢屏彩海正銷魂。昨夜天燈人不寐，意託猶溫。

冷雨又黃昏，且引清樽。山居千樹識寒門。瓶裡一枝心也足，春去無痕。

歲次辛卯正月中澣

又　古寧頭戰役六十週年有感

金廈雨雲收，來往行舟。紅顏霜髮探芳遊。誰識當年烽火地，碧血曾流。

映眼古寧頭，海月雙愁。英魂埋骨草成丘。只見黃沙無俎豆，悵望神州。

浪淘沙　庚寅陽月記事步楊震夷公原玉

海角現牢星，光掠壺瀛。官田貧戶一枝青。兩响銅丸能竊國，老店崩傾。　珠翠豈言憎，錢洗雲行。繒金七億忽雷鳴。玉邸鴛鴦何處散，且眄雙囹。

牢星，晉書天文志：貫索九星在七公星前，賤人之牢、一曰天牢。

南歌子　戊子重陽

遠樹遮斜日，郊楓送暮涼。可堪疎菊數枝黃，又是天涯節序到重陽。　白酒邀同醉，金膏約淺嚐。登高一嘆好秋光，誰解連環藍綠費思量。

憶秦娥　丁亥清明

清明節，慈湖道上風和月。風和月，鼎湖人去，訪遊傷別。

園中魚貫銅人列，銅人豈共銅駝咽。銅駝咽。舊荊已矣，棘新難說。

菩薩蠻　辛卯正月中澣

尋芳漫步貓空道，踏青莫待青山老。何處杏花嬌，橘奴間李桃。

山櫻分艷蓓，故作羞春態。垂柳自輕狂，綰春春日長。

註：李衡種橘呼木奴，鄭谷詩：橘樹呼奴羡李衡。

菩薩蠻　登樓

赤嵌樓外鹿門水，南明多少英雄淚。惆悵望神州，羈遊人自愁。　老兵埋骨處，五指山頭路。今古一悲同，何人訓乃翁。

鹿門：台南鹿耳門，公元一六六一年，鄭成功登陸地。

減字木蘭花

馬場故地，起舞聞雞書劍事。氣壯天河，擊楫人吟擊楫歌。　膽肝相照，六十春秋人已老。樽酒相逢，但願明年杯引同。

歲次辛卯正月下澣

訴衷情　有感十萬青年十萬軍

當年投筆護神州。不惜少年頭。槍林彈雨南北，誰料墨雲收。　塵劍冷，志難酬，歲空流。此生無奈，身在榮家，魂斷夷洲。

浣溪沙　己丑重九秋望

驟雨風横送暮涼，故園籬菊已成行，天涯倦客自蒼浪。　萬里人非皆陌路，年年芳草送斜陽。黃花不泛酒千觴。

定風波　秋懷

青壯逢君話月明，否臧時論笑風生。老歲憐君思買醉，無寐。酒兵長夜壓愁城。　寄客憂歡多少事？休記。知君壘磈未能平。傲骨只今終絹恨，誰問？有無殘月伴長庚。

歲次辛卯蘭秋

附錄：作者小傳

鄧鎮湘（一九二九中國廣西省上思縣）

歌曲作曲、作詞者、音樂教育及電視製播專業人員。筆名鄧夏。從小就喜歡音樂與詩詞，中學時更喜愛參加各種音樂活動，曾一度想就讀音樂學校，唯遭家庭反對，認為學音樂是一件沒出息的事情。又因歷經抗日及國共戰爭洗禮，一九四七年響應知識青年從軍號召，在海南島投身部隊，一九四九年任六十四軍師政工隊隊員，執行以歌聲宣慰部隊、提振士氣之任務。一九五〇年隨部隊來臺後調任少尉連指導員，一九五一年興起進修念頭，先後畢業於政工幹校（參見國防大學）音樂組第一期（一九五一～一九五三，專攻聲樂及作曲）、美國特種戰爭學校心理作戰班及特戰軍官班（一九六二）、國防語文學校俄文班第五期（一九六七～一九六九）。在軍中歷任連指導員、音樂教官、音樂隊隊長及總政戰部音樂參謀官等職（一九四七～一九七〇），從事軍歌教學、創作及音樂工作策劃及推展工作（參見軍樂）。一九五五年首度參加軍團團歌作曲徵選即獲第一名（何志浩作詞）：一九五八年分別以（露營歌）及（勇士進行曲）獲得總政治部生活歌曲及軍歌獎項，在軍中服務其間共創作軍歌詞曲三十多首，尤以（勇士進行曲）、（頂天立地），深得軍中、社會、學校喜愛，傳唱至今。（唱得百花遍地香）、（團結在一起）等歌曲亦廣受歡迎。一九七〇年退伍後，轉任華視音樂組副組長，節目部編審、製作人，訓練中心班主任等職（一九七〇～一九八九）。彼時（一九七〇）即製播安插各種畫面的軍歌節目，堪稱MTV概念之先驅：製播中視「華夏歌聲」節目，推廣愛國歌曲（一九七〇～一九七一）：製播華視歌唱節目「晚安曲」，選曲嚴謹、格調高雅，寓文藝於歌唱，廣獲佳評，獲教育部頒發社會建設服務獎（一九七一～一九七三）：參加教育部及國防部等單位詞曲徵選獎曾十餘次獲獎，尤其教育部年度歌詞徵選連七屆獲獎（一九六〇～一九六六）：製播「每日一曲」、「每日一星」電視迷你節目（十分鐘以內，為國內首創）：創作淨化歌曲（把握人生的方向），在一九七〇年代中期曾風靡電視多年：創作卡通節目主題曲（北海小英雄）、（小天使）、（小仙蒂）等三十餘首，並撰寫大部分歌詞，於華視、臺視播出（一九六六～九一），為電視卡通歌曲開拓者之一。

鄧夏創作詞曲包括：愛國、藝術、通俗、軍歌、電視及卡通歌曲等，約三百餘首，部分並透過影帶、光碟等有聲出版。另有《南窗新詠》之詩詞著作，對於軍中士氣之提振及社會、卡通音樂之推展，貢獻良多。（李文堂撰）

臺灣音樂百科辭書（八八〇頁）　遠流出版公司

民國九十七年十一月十五日出版